MONUMENS DIVERS

pris dans quelques anciens diocèses

DE

BAS-LANGUEDOC,

EXPLIQUÉS, DANS LEUR HISTOIRE ET LEUR ARCHITECTURE,

PAR J. RENOUVIER;

Dessinés d'après nature et lithographiés,

PAR J.-B. LAURENS.

MONTPELLIER.

Chez CASTEL, SEVALLE, VIRENQUE, Libraires.

1841.

MONUMENS DIVERS

DE

BAS-LANGUEDOC.

1839

MONUMENS DIVERS

pris dans quelques anciens diocèses

DE

BAS-LANGUEDOC,

EXPLIQUÉS, DANS LEUR HISTOIRE ET LEUR ARCHITECTURE,

PAR J. RENOUVIER;

Dessinés d'après nature et Lithographiés,

PAR J.-B. LAURENS.

MONTPELLIER.

Chez CASTEL, SEVALLE, VIRENQUE, Libraires.

1841.

MONUMENS DIVERS.

UAND nous terminâmes notre publication des monumens de Bas-Languedoc, nous laissions de côté des monumens antérieurs à l'ère chrétienne, des constructions militaires et civiles, et plusieurs édifices chrétiens, aussi remarquables par leur souvenir historique que par leur architecture. Comme ceux que nous avons fait connaître, ces ouvrages mériteraient sans doute une description détaillée et des dessins nombreux. Nous ne venons point combler cette lacune, laissant toujours à des mains moins fatiguées, ou remettant à des temps plus opportuns, la suite d'un travail qui nous est toujours cher. Mais il nous a semblé qu'un specimen de fragmens, remontant aux époques négligées dans nos esquisses précédentes, ou étrangers à l'Église, qui a été l'objet principal de nos études, montrerait sous un jour agrandi l'archéologie de nos diocèses. Nous y avons joint trois morceaux d'architecture religieuse, dont l'oubli nous pesait, et qui nous fourniront l'occasion de donner une idée plus générale peut-être de la physionomie monumentale de ce petit coin de la France.

DOLMENS DE LAPRUNARÈDE ET DE GRANDMONT.

Les anciens diocèses de Maguelone, de Béziers, d'Agde et de Lodève, qui nous représentent autant de cités de la première Narbonnaise, *Civitates Magalonensium, Biterrensium, Agathensium, Lutevensium*, et sans doute autant de peuplades indépendantes de la Gaule celtique, confondues dans les anciens géographes sous le nom de Volces, comprennent un grand nombre de localités d'une antiquité célèbre, mais fort obscure. Nous laissons à de plus érudits le soin de démêler, par l'explication des étymologies et l'interprétation des textes, la part des populations indigènes et des conquêtes successives qu'elles ont subies, et de chercher sur notre sol toutes les traces des *oppida* gals, celtes ou ligures, des colonies grecques, des *vici* romains; nous n'avons ici pour but que la description de monumens encore debout. Les premiers qui se présentent, sont de ces exhaussemens de pierres brutes ou grossièrement équarries, qu'on retrouve en Allemagne, en Angleterre, et dans toutes les provinces de France, avec des caractères analogues. Quelle que soit l'opinion que l'on admette sur les évolutions des peuplades qui ont successivement occupé le sol de la Celtique, encore faut-il croire ces monumens autocthones; l'analogie de leur position dans des localités si diverses, la masse de leur construction, leur caractère si bien harmonique aux rochers et aux bois au milieu desquels ils se placent, indiquent bien le culte de populations primitives, indigènes, et n'ont rien de contraire à ce que nous pouvons savoir de la barbarie des Gaulois, si nous nous reportons à l'époque où ils n'avaient eu aucune relation avec les Grecs et avec les Romains.

Nous avons rencontré environ trente de ces monumens dans nos diocèses; et, si l'on songe aux causes de destruction si nombreuses et si faciles pour des constructions de ce genre, dans un pays d'ailleurs fort peuplé, ce nombre a de quoi étonner. Nous ne nous proposons pas de les décrire minutieusement; les mêmes termes s'appliquent à tous. Il ne s'agit pas d'ailleurs ici de *Stone Henge* ou de *Carnac*,

---

[1] *Notitia prov. et civ. Galliæ*, D. Bouquet, I, 122. — Saint-Pons ne fut érigé en diocèse qu'en 1318, et faisait partie autrefois de la cité de Narbonne.

mais de petits monumens épars, que nous nous contenterons de désigner, en notant les particularités les plus remarquables de ceux qui nous ont le plus frappé.

On trouve trois monumens celtiques à quelques mille mètres de distance l'un de l'autre, sur la colline boisée qui s'étend au nord du village de Vailhauqués. Il y en a deux, un peu plus loin, à côté de Cazevieille, village au pied du pic de St-Loup. Le bois de Coste-Rouge et la bruyère de Vidal, dépendant de l'abbaye de Grandmont, à une lieue à l'est de Lodève, en contiennent aussi trois. Il y en a plusieurs sur le plateau du Larzac, entre les villages de Saint-Maurice et de la Vaquerie; nous en avons vu aux métairies du Ranc, de Laprunarède, de Soulatges, de Férussac, des Lavaignes et de la Tribale. A Minerve, enfin, sur le causse, vers la métairie du Bouys, sur les bords de la Cesse et jusqu'au village de Fauzan, on en rencontre un grand nombre. Il est difficile de regarder comme des monumens, les rochers de Regagnac, entre Beaulieu et Sussargues[1]; ce sont des roches en place, affectant la disposition d'une chaire, auxquelles la tradition populaire attache, il est vrai, une signification, mais qu'on ne peut croire avoir servi à la manifestation de quelque culte ancien, que par un système d'interprétation arbitraire.

Nos monumens celtiques sont tous de ceux auxquels on a donné le nom de Dolmen : une large dalle posée en table sur trois ou quatre posées de champ. La dimension de ces dalles varie de deux à quatre mètres. La nature de la pierre qui les forme, est toujours semblable à celle des roches environnantes, calcaires ou grès. Quelquefois ils sont placés sur des tertres formés de terres ou de pierres amoncelées, comme à Férussac et à Laprunarède; ailleurs, ils sont groupés de manière à former une allée ou plusieurs compartimens, comme au Ranc et au Bouys; un de ceux des bords de la Cesse paraît même présenter une combinaison de deux enceintes, l'une elliptique, l'autre circulaire, au milieu de laquelle est le dolmen même, et à laquelle on arriverait par une allée couverte. Mais la plupart de ces monumens sont altérés et détruits; la partie la plus conservée et la plus significative est toujours la table même, d'une orientation douteuse et variée, d'une disposition aussi très-diverse, et qui ne nous a paru présenter d'autre caractère d'uniformité, que sa construction même et sa situation sur un plateau ou sur une pente dominant quelque étendue de terrain.

Le dolmen de Laprunarède (Pl. I), un des plus grands, est situé sur un plateau

---

[1] *Statistique du département de l'Hérault*. Montpellier, 1824, in-4°.

autrefois boisé, voisin de la rivière de Vis, et élevé sur un tertre formé par des terrassemens grossiers et des amas de pierres. Il forme un parallélogramme allongé du nord au sud, ayant pour couvercle une dalle de 3 mèt. 50 cent. sur 3 mèt. 40 cent. On n'y pénètre que par des brèches faites aux parties latérales. En fouillant à l'intérieur, nous avons trouvé des ossemens d'homme et de cheval, quelques débris informes de poteries rougeâtres mêlées de parcelles de silex, de petits anneaux faits en os et des dents perforées qu'on peut croire avoir servi d'ornement.

Le dolmen de Coste-Rouge, à Grandmont (Pl. I), un des plus singuliers, est situé sur une pente couverte de chênes, dominant les petites vallées du Pouzoulet, d'où la vue s'étend jusqu'aux riches plaines de l'Hérault. Il forme une masse pyramidale, sur laquelle pose une dalle de 2 mèt. 50 cent. sur 1 mèt. 70 cent. La dalle levée au sud a une ouverture grossièrement équarrie, où l'on ne peut entrer qu'en rampant. Des fouilles pratiquées à l'intérieur n'ont amené aucune découverte.

Ces monumens sont-ils des autels ou des tombeaux? Nous croirions volontiers l'un et l'autre. Quand, au milieu de ces yeuses devenus de maigres taillis, mais qu'on peut se représenter aisément, comme ils étaient il y a trois mille ans, forêts sombres et temples sauvages, nous nous trouvons, nous hommes raffinés, devant des pierres dressées par une architectonique aussi brutale, nous voyons bien là le digne autel de ces hordes de Gals, que l'histoire nous peint disséminées dans les forêts, campant sur de grands plateaux tout ouverts. Quelle autre architecture, quelle autre sculpture pourrions-nous concevoir, à ces hommes vêtus de tuniques et de braies aux couleurs éclatantes, couverts d'anneaux aux bras et au cou, les cheveux roux, roussis encore par des lessives de chaux et relevés au sommet de la tête pour retomber sur la nuque, qui paraissaient aux Romains avec leurs corps grands, leur chair blanche et molle, des Satyres et des Égipans? Faut-il une disposition d'esprit bien romanesque pour se représenter, autour de ces dalles, les plus vieux de nos pères, qu'on nous peint, prompts au meurtre, ardens à la mort et fous de guerre, mangeant couchés à terre sur des peaux de chien et de loup, honorant leurs Dieux, c'est-à-dire, les arbres, les pierres et les vents, en répandant dans leurs enceintes consacrées de l'or, ou en égorgeant des victimes humaines, dont la chute et le jet du sang leur servaient d'augures [1]? Mais ces peintures sont

---

[1] Diodore de Sicile; D. Bouquet, I, 305.

du domaine de l'imagination. Nous avons cherché vainement sur nos dolmens ces cavités et ces rigoles, qui, au dire de plusieurs, auraient servi à recueillir le sang des hommes immolés. Nous n'y avons trouvé que ces rainures irrégulières, que la pluie et le vent du nord creusent dans tous les calcaires de notre pays, et nous sommes forcés de convenir que les monumens celtiques de l'Hérault ne nous ont rien appris de plus sur le druidisme.

C'est dans les mêmes localités qu'on trouve ordinairement ces jades polis et aiguisés, que les antiquaires appellent hachettes celtiques, et les bergers *peyras de trôn*. Les premiers les classent dans leur collection, comme signes de la civilisation gauloise; les autres les plaçent dans la clochette de leurs moutons, pour les préserver des effets de l'électricité. Sommes-nous sûrs que la superstition des savans soit beaucoup plus raisonnable que celle des pâtres? Le peuple de nos campagnes a depuis long-temps aussi interprété les dolmens; ce sont pour lui *oustals de las fadas, lauzas de las fadas, gigandieiras, toumbas de Juyan*. Cette interprétation est encore la plus significative; la construction des dolmens appartient à l'époque fabuleuse de l'architecture du pays.

PONT D'AMBRUSSUM.

Comment de ces monumens rudimentaires, les populations de notre littoral et de nos montagnes ont-elles passé aux murs en appareil savant, aux voies publiques, aux mosaïques et aux cippes élégans de la civilisation romaine? C'est ce qu'il est plus facile d'affirmer par des exemples, que d'expliquer. On peut chercher les traces de ces transformations dans tous les plis de notre sol. Un grand nombre de nos champs fournissent des débris pour texte à la détermination qu'on voudrait faire de tous les bourgs désignés par les anciens géographes. L'amour propre local s'est peut-être un peu flatté, en transformant en cités antiques populeuses et brillantes de luxe, le rocher de Substantion sur le Lez ou celui de Laroque sur la Mosson. Pour nous, qui n'indiquons que des monumens romains un peu entiers, nous n'aurons à citer ici que des fragmens de murs d'un aspect tout primitif à *Cessero* (Saint-Tibéri); des murailles plus soignées et une fontaine publique à *Altimurium* (Murviel); quelques arcs de l'amphithéâtre de Béziers; les derniers restes d'un aquéduc de Gabian à Béziers; et aux deux extrémités de la *via domitii*, dans le département de l'Hérault, les ponts de *Cessero*, de Boisseron et d'*Ambrussum*. Nous ne voulons ici parler que du dernier, pour donner un specimen de cette architecture énergique et grandiose, qui de Rome se répandit dans toutes les colonies et toutes les conquêtes du peuple-roi, pour porter partout l'empreinte des mêmes mœurs. La Grèce, à laquelle elle emprunta ses ornemens, n'ôta pas à cette architecture son caractère de rudesse et de force, et la Gaule où elle brilla d'un éclat presque égal à celui de la métropole, témoins Autun et Nismes, sembla y trouver des convenances toutes particulières à ses habitudes. Dans les œuvres les plus vulgaires et les plus éloignées, comme celles de ces extrémités de la voie Domitienne, on retrouve tout entiers les bâtisseurs de la *Cloaca maxima* et du portique d'Octavie.

Ambrussum, marqué sur les itinéraires romains, comme *Mutatio*, entre Substantion et Nismes, n'a pas d'autre illustration que son pont sur le Vidourle; mais ce pont a eu l'honneur d'être cité par César[1]. On peut en attribuer la construction à Auguste, à Tibère, à Claude ou à Antonin, qui tous restaurèrent la voie Domitienne. Au moyen-âge, il a porté une petite chapelle de Notre-Dame, qui, au XIIIe siècle, appartenait aux religieuses bénédictines de St-Geniez. Depuis que la voie de Nismes à Béziers a changé de direction, il n'est plus qu'une ruine. Il y a cent ans, quand les Bénédictins écrivirent l'histoire de Languedoc, il était, disent-ils, réduit à quatre arches; mais, vers la même époque, quand le marquis d'Aubaïs le fit dessiner pour le père Montfaucon[2], il n'y avait que trois arches et la pile d'une quatrième; il présentait encore cette singularité, que le pavé de la voie qui passait au-dessus n'était pas horizontal, mais ondulait en suivant le contour de chacune des arches. Il n'y reste plus aujourd'hui que deux arches isolées au milieu du fleuve, opposant encore à ses crues subites leurs avant-becs et leurs œils carrés, et dressant au-dessus de ses eaux tranquilles leur appareil grandiose. On y remarque, comme aux ponts voisins de Boisseron et de Sommières, que ses voûtes ne sont pas formées d'assises de pierres liées entre elles, mais de quatre arc-doubleaux juxta-posés. Il faut espérer que leur inutilité bien constatée aujourd'hui, et leur isolement, les préserveront long-temps de la convoitise industrielle de notre temps, pour la beauté du paysage qu'ils décorent et pour les souvenirs historiques du pays qu'ils constatent.

---

[1] N'ayant pas trouvé dans César cette citation, nous renvoyons la responsabilité de l'assertion à don Vaissete. I, 59.

[2] *Antiquité expliquée*. Supplément, tom. IV.

TOUR DE SAINT-ÉTIENNE. — ÉGLISE DE SAINT-MARTIN. — CLOITRE DE SAINT-NAZAIRE.

Il est facile de suivre la filiation de nos édifices, depuis ceux qui furent élevés sous la domination romaine, jusqu'à ceux que vit naître la civilisation chrétienne; et pourtant toutes les églises des premiers siècles, monumens fragiles d'une époque agitée, ont disparu du sol. Il n'y a pas dans nos diocèses un seul bâtiment qu'on puisse croire élevé par les Wisigoths, dont la conquête fut néanmoins bienfaisante, et sous la domination desquels la Septimanie vit les arts fleurir, mieux que ne faisaient les royaumes francs de Paris, de Soissons ou d'Orléans. Mais, nos plus anciens monumens, bien qu'ils ne remontent qu'à l'époque où les conquêtes franques nous atteignirent aussi sous la seconde race, manifestent par des traits nombreux leur origine romaine. Il était nécessaire, il était bon que l'architecture chrétienne suivît quelque temps les erremens du passé, se modelât, comme fit long-temps la langue, sur des méthodes toutes faites, se bornant à indiquer par des négligences utiles et par des innovations timides son nouveau goût, et à produire les germes de ses progrès futurs. La voûte et l'arcade, ces acquisitions précieuses de l'art romain sur l'art grec, figurèrent dans l'art roman avec de nouveaux développemens. Un emploi plus multiplié de ces élémens dans la construction, et, dans la décoration, la polychromie de quelques matériaux, l'agencement ingénieux des pleins et des vides, mettent sur la voie d'un autre genre de beauté, contesté sans doute par plusieurs, quand il s'agit de ces monumens primordiaux, mais qui brille d'un éclat incontestable à tous les yeux, alors que l'art gothique est venu en possession de toutes ses qualités virtuelles.

La tour de Saint-Étienne, isolée au milieu d'un de ces riches bassins de vignobles, formés par le Libron, au nord de Béziers, au pied du village de Puissalicon, est peut-être notre monument roman le plus original. Nous en avons donné ailleurs[1] la description; le dessin que nous donnons ici suffira pour le bien déterminer. Son isolement au milieu d'un cimetière, a pu faire croire que cette

---

[1] *Anciennes églises du département de l'Hérault*. 1836, in-4°.

tour était destinée, comme plusieurs colonnes creuses qui se rencontrent dans les cimetières de quelques provinces, à contenir des fanaux de nuit[1]. Mais sa hauteur, sa dimension et les traces d'une ancienne église, autrefois paroisse de Puissalicon, à laquelle elle tenait, la font rentrer dans la classe des clochers ordinaires. Nos églises romanes se contentent ordinairement d'un clocher arcade placé au-dessus de leur pignon, ou d'une tour carrée massive, percée de quelques rares cintres. Les uns et les autres sont d'une extrême simplicité; celui-ci est aussi distingué par l'élancement de sa masse, que par l'originalité de son ornementation (Pl. III). Nous ne voulons point le comparer aux tours splendides de la Charité ou de Valence, mais son archaïsme le rend aussi recommandable. Nous trouvons d'ailleurs à indiquer une comparaison non moins flatteuse. Il rappelle de très-près ces vieilles tours de Rome, qui élèvent au-dessus de ses innombrables églises leurs petites arcatures et leurs ornemens de majolica. Les antiquaires émérites dont la ville éternelle fourmille, ne tiennent pas peut-être ces tours à grand honneur; mais un monumentaliste gothique ne peut les voir sans émotion, rappeler, à travers les fabriques des Bernini et des Fontana, l'art de ces architectes oubliés des siècles les plus obscurs du moyen-âge.

L'église de *Saint-Martin-de-Londres*, qui faisait autrefois partie d'un monastère dépendant de l'abbaye d'Aniane, n'est encore qu'un monument rustique, tronqué dans toute la partie antérieure; mais on y retrouvera toutes les distinctions du style roman, sinon à sa première apparition et tel qu'il se formula au IXe siècle, du moins avec la simplicité qu'il conserva jusqu'au XIe. Avons-nous besoin de faire remarquer la pureté, l'effet simple, mais si frappant de ses trois absides extérieures, avec leurs pilastres, leur arcature et leur frise à dents de scie? Le chœur y est marqué par un compartiment particulier, placé en avant et plus haut que l'abside; le transept, par une coupole octogone éclairée par une lanterne en amortissement (Pl. IV). A l'intérieur, le système en est aussi pur: la nef est une croix latine avec colonnes engagées, arcades figurées, voûte en berceau et coupole ovoïde à pendentifs unis. Les sculptures sont aussi d'une grande simplicité, rudimentaires même, et exécutées avec la sobriété d'un artiste qui sent son inhabileté, ne fait que ce qu'il peut faire, et se soumet à l'effet d'ensemble. Les petits chapiteaux des fenêtres conservées à l'extérieur, portent ces fleurons en relief très-plat, qui sont le signe le plus élémentaire de notre sculpture romane; les chapiteaux de l'intérieur ont la corbeille cubique, indice

---

[1] *Bulletin monumental*, tom. IV et V. Caën, 1837-1839, in-8°.

aussi certain de la première modification que subit le chapiteau antique. Les colonnes du porche ont des volutes et quelques moulures de plus sur leur base; mais ce porche à voûtes croisées, sa porte, le bas-relief qui la surmonte, et la tour d'appareil plus grossier qui s'élève au-dessus, sont certainement d'une époque postérieure et l'œuvre d'artistes presque aussi négligens que ceux d'aujourd'hui; car il faut dire, à la décharge de notre temps, qu'il y a eu à toutes les époques des maçons barbares et des restaurateurs sacrilèges.

Les antiquaires qui gardent toute leur admiration pour nos grandes cathédrales gothiques, s'étonneront de l'estime que nous faisons de l'architecture romane. C'est que nous lui trouvons, en l'étudiant surtout dans nos diocèses, quelque chose de contenu, de sévère et de rendu que n'eut jamais l'architecture ogivale. On peut dire que, jusqu'au XIIIe siècle, l'art tint beaucoup plus qu'il ne promit, et qu'après cette époque, au contraire, il ne réalisa pas ce qu'il promettait. Les architectes gothiques élevaient leurs prétentions si haut, aspiraient à un sublime tel que l'exécution trahit presque toujours leur volonté; de là, tant d'œuvres incertaines, incomplètes, surtout dans nos pays. Toute notre affection pour les maçons-romans ne doit pas pourtant nous empêcher de reconnaître ici ce qu'on a reconnu partout, c'est que le XIIIe siècle est le point culminant de l'architecture chrétienne, dans son expression et dans son exécution. Les siècles postérieurs au XIIIe la firent plus riche, mais moins pure; les siècles antérieurs la firent moins accomplie, mais plus jeune. Nous nous sentons un faible pour celle-ci, par les raisons qui font qu'on trouve plus de charme à suivre les pas d'un adolescent dans la vie, quelle que soit l'inexpérience qu'ils révèlent, que ceux d'un homme mûr vers la vieillesse, quelle que soit la fécondité de ses actions.

En cherchant à résumer dans une seule vue ce que l'art ogival produisit de plus accompli parmi nous, nous ne pouvions peut-être mieux choisir que le *cloître de Saint-Nazaire* de Béziers. On pourrait disserter longuement sur la détermination chronologique de toutes les parties de l'église à laquelle ce cloître appartient. Il suffit de dire ici qu'on y trouve une construction du XIIIe siècle, commencée sur des erremens romans et employant peut-être de vieux chapiteaux, continuée au XIVe et finie seulement au XVe. Les dates et les attributions de constructions données par des documens écrits sont : l'an 1215 et l'évêque Raymond-le-Noir, 1293 et Raymond de Colombiers, 1374 et Sicard de Lautrec, 1443 et Guillaume de Montjoie[1]. Le cloître que nous présentons et la

[1] *Gallia christiana;* VI, 331 et s.

partie de l'église qu'on voit à travers ses arcades, donnent la moyenne de ces constructions (Planche V). Ces faisceaux de colonnettes dégagées aux trois quarts, à base et plinthe polygones, à chapiteaux infundibuliformes couverts de quinte-feuilles, ces nervures croisées à moulures arrondies, ces arcades à tiers-points dont l'intrados se prolongeait certainement en contre-arcatures découpées à jour qui ont été détruites, sont autant de traits où l'on doit reconnaître le style ogival arrivé à la maturité de ses produits. Les mêmes signes se reconnaissent dans cette partie de l'église que l'on voit à travers la galerie du cloître. On y remarque des baies carrées, des lancettes géminées, des tourelles à créneaux carrées et arrondies, et des balustrades à quatre lobes. Par une singularité qu'explique en même temps la succession des réparations qu'a subies cette nef et des circonstances de développement particulières au style ogival du Midi, on y voit en même temps des arcs en plein-cintre appliqués aux murs entre les contre-forts, et des feuilles épanouies aux bords des frontons et sous l'entablement.

On a argumenté des troubles civils qui ont coïncidé avec l'époque où cette église fut construite, pour expliquer la tournure militaire de plusieurs de ses pinacles et de sa façade[1]. Certainement cet édifice a pu servir de défense : ses baies, ses meurtrières et ses créneaux s'y prêtaient à merveille; mais il ne faut pas croire que ce soit là une circonstance particulière à Saint-Nazaire. L'Église, au moyen-âge, qui a voulu que ses prêtres endossassent au besoin la côte de mailles, a dû, à plus forte raison, admettre, dans certaines circonstances, quelque chose de militaire dans son architecture. Plusieurs de nos églises romanes ont des murs crénelés sur leur abside et des mâchecoulis au-dessus de leurs portes; la plupart de nos églises ogivales ont aussi satisfait en quelques parties aux mêmes besoins. Nulle part, il est vrai, cette physionomie militaire n'est aussi développée qu'à Saint-Nazaire; mais nous croyons que là, comme ailleurs, c'est plutôt système particulier d'ornementation et habitude d'architectes, qu'intention bien formelle de faire en même temps une église et une citadelle. Quoi qu'il en soit, ces pinacles en tourelles n'en sont pas moins un specimen très-distingué et très-rare dans l'architecture religieuse de la France; M. de Caumont[2] ne fait pas mention de pinacles semblables; dans les instructions du Comité des arts[3], on les cite comme rares en France et com-

---

[1] *Bulletin de la Société archéologique de Béziers;* tom. I, pag. 208.

[2] *Cours d'Antiquités monumentales;* tom. IV. Caën, 1831, in-8°.

[3] *Collection de documens inédits sur l'Histoire de France.* Paris, 1840.

muns en Angleterre. Nous en pourrions citer autour de nous plusieurs exemples. Mais les murs crénelés sont, en effet, fréquens dans les églises anglaises : les cathédrales de Chichester, d'Ely, de Bangor, en particulier, ont des tourelles à créneaux comme celles de Saint-Nazaire. Ce n'est point une raison sans doute pour attribuer notre architecture ogivale, comme fait quelquefois le peuple, aux Anglais qui s'avancèrent bien une fois jusqu'à Capestang, mais qui ne firent dans la province que des irruptions passagères. Il n'en est pas moins curieux de constater cette analogie.

Si nous voulions résumer d'un mot l'architecture de Saint-Nazaire et des églises de même style, nous l'appellerions ionique. Car, sauf le respect dû aux trois ordres classiques, en comparant l'architecture ogivale à l'architecture grecque, on pourrait voir dans son style primordial au XIIIe siècle une espèce de dorique, dans son style mûr et orné du XIVe l'ionique, et enfin, dans son style flamboyant du XVe, le dernier et le plus recherché des trois ordres, le corinthien.

CHATEAU DE LA ROQUETTE.

Après les églises où l'art choisit de préférence son sanctuaire, il faudrait, pour compléter l'histoire monumentale de notre pays, décrire et expliquer les châteaux que les dominateurs du sol s'érigèrent, d'abord pour assurer leur conquête, puis pour asseoir sur des bases redoutables leur autorité féodale. Les cimes les plus escarpées de nos montagnes se hérissent encore de murailles et de tours dans les fonds de tous nos paysages. Le même intérêt ne s'attache pas peut-être, il est vrai, à ces repaires, d'où nos maîtres, au moyen-âge, gardaient les passages des rivières, des bois, des montagnes et des vallées, rançonnant les marchands, imposant de lourds tributs à la population des champs, et vendant à haut prix une protection alors nécessaire. Il ne nous semble pas malheureux que Louis XIII, à l'issue des guerres religieuses, où ces châteaux firent un dernier essai de leur force, les ait sacrifiés à sa puissance; nous applaudissons davantage aux changemens apportés à la propriété par la révolution, qui ont dispersé ces ruines. Mais l'esprit de morale et de liberté, une fois satisfaits, la curiosité n'en est que mieux excitée à interroger les derniers débris d'une civilisation et d'un art, cette fois bien morts. A l'égard des châteaux, comme à l'égard des églises pour lesquelles certains esprits rêvent on ne sait quelle résurrection, on ne contestera pas peut-être que l'art du moyen-âge n'ait vécu son dernier jour.

Nous décrirons peut-être un jour nos châteaux les plus remarquables; nous avons déjà parlé, à propos de l'évêque de Maguelone, de son château de Montferrant : c'est le château de la Roquette que nous prenons aujourd'hui, comme le type le plus remarquable d'une demeure féodale dans nos diocèses. La Roquette s'est placé comme le champion de Montferrant, sur un pic opposé à l'extrémité du roc d'Ortols, larges parois détachées du Saint-Loup, et domine les pauvres vallées de Saint-Etienne-de-Gabriac, comme Montferrant le pauvre bassin de Saint-Matthieu-de-Tréviez.

Vu à distance, la Roquette paraît n'être que la continuation d'un rocher à pic. En pénétrant dans la vallée de Fombétou, il disparaît même entièrement; mais, après avoir gravi les taillis pierreux du bois d'Ortols, on aperçoit sur sa tête au détour d'un maquis d'yeuses, un rocher pyramidal prêtant ses éraillures aux griffes du lierre (Pl. VI). C'est sur sa cime que la féodalité bâtit son aire. Quand on a jeté les yeux sur ces murs aux contours sévères, et que, à travers les brèches des enceintes qui les fortifiaient, on a pénétré dans ses salles, dont la disposition est encore si éloquente au milieu des décombres et de la végétation qui les envahissent, on se sent pris du désir de reconstruire par la pensée la demeure seigneuriale. S'il était possible de suivre de près l'histoire de ces pierres, comme on retrouverait avec intérêt les mains qui les bâtirent, les chevaliers qui y plantèrent leur bannière, les jongleurs qui y chantèrent, les dames qui y pratiquèrent de si naïfs romans! Mais, nous n'avons pas les priviléges des heureux romanciers de feuilleton, et, devant deux ou trois chartes à lire et des pierres à mesurer, la poésie disparaît bientôt.

Le château de la Roquette n'a pas de place dans l'histoire de Languedoc. Nous n'en retrouvons la trace que dans quelques documens privés, dont on ne saurait reprocher l'oubli aux Bénédictins, tant leur intérêt est borné. Une monographie seule peut descendre à de pareils détails. Une charte de 1124 [1] nomme comme suzeraine de la Roquette la comtesse *Aralmus*. Cette puissante dame n'est autre sans doute que la comtesse *Adalmus*, *Aialmos*, *Almodis*, nommée dans un grand nombre d'actes [2], femme de Pierre, mère de Raymond et aïeule de Bernard,

---

[1] *Liber instrumentorum memorialium*, fol. 65, v°. Archives de la commune de Montpellier.

[2] *Histoire générale de Languedoc*, II, 613.

tous comtes de Melgueil. Dans cet acte, un Brenguier Airra, promettant fidélité et faisant hommage au Seigneur de Montpellier, pour la guerre qu'il avait avec le comte de Melgueil, jure de rendre à la comtesse le château de la Roquette, quand il l'aura pris, et de le recevoir d'elle à fief. *Benguers Airra a convengut an Guillem de Monpester quel recobrel castel de la Rocheta quor a recobra la poira, e la on recobra lauria an Aralmus la comtessal redra elli jur e la comtessa redalli a feu.*

Au commencement du XIIIme siècle, la Roquette dut passer avec tout le comté de Melgueil à l'évêque de Maguelone; mais, bientôt après, celui-ci le céda en fief à un seigneur du nom de Piane, qui n'est qualifié que de damoiseau. Nous avons eu sous les yeux un grand nombre de titres, depuis 1256 jusqu'en 1639 [1]; mais ils ne nous apprennent rien de plus que des mutations privées. Il était dans la destinée de ce château de toujours tomber en quenouille ; car le nom que nous trouvons le plus souvent reproduit, est celui de damoiselle Marie de Piane. Nous ne citerons qu'un seul de ces titres, où l'on peut se faire une idée du rôle que remplissait dans le pays, en 1385, cette forteresse solitaire. C'est un de ces actes d'acapit, fort usités en Languedoc, dans lequel la seigneuresse Marie de Piane cède à un Étienne du mas de Gabriac, l'usage et l'expleche de ramener sa femme, ses enfans, ses animaux gros et menus, dessous le fort de la Roquette (*Fortalitium Castri de Roqueta*), en temps de guerre et de crainte d'être pris captifs, et de prendre du bois de la forêt, pour élever le casal qu'Étienne a au-dessous du château. Ce casal, qui devint avec le temps plus important, fut la maison de Bévieures, où se voient encore des constructions du XVIe siècle, et qui a fait souvent donner au château même le nom de Bévieures (*Béviourés*, *Bibioulé*, en patois). Ces titres nous apprendraient encore que le château passa successivement aux mains des seigneurs de Lautrec, de Vabre, de Vernioles, et qu'enfin il constitua une des nombreuses baronnies de la maison de Roquefeuil; mais il releva toujours de l'évêque de Maguelone. Nous aimons mieux laisser ces détails microscopiques, pour nous occuper des constructions même qui restent encore à la Roquette.

Plusieurs enceintes de murailles, nommées dans les actes *suburbia* et *barri*, garantissaient le roc d'Ortols des premières attaques; il n'en reste que des débris in-

---

[1] Nous en devons la communication à l'obligeance de M. le marquis de Roquefeuil.

formes. Le château même occupait toute l'extrémité du roc formant un parallélogramme allongé de l'ouest à l'est; son plan m'a paru consister en trois parties principales. A l'ouest, côté le plus accessible, des pans coupés rentrans et saillans, un encorbellement cylindrique, fortifiaient les murs d'une manière toute particulière, défendaient l'avenue de la porte, et formaient à l'intérieur un premier corps divisé par des planchers en plusieurs étages, et présentant au midi et à l'ouest de nombreuses meurtrières et des mâchecoulis. La porte même paraît aujourd'hui comme suspendue et hors d'atteinte depuis la destruction des ouvrages extérieurs, où devait s'arc-bouter le pont-levis. A l'est, un donjon circulaire, réuni au château par un mur moins épais que les autres, et pouvant en être facilement séparé, formait un dernier corps de défense. Le corps principal du château occupait le milieu ; il paraît divisé en trois étages, ne prenant jour que du côté du midi. L'étage le plus bas se compose de plusieurs pièces percées d'ouvertures carrées en embrasure de meurtrières ; l'une d'elles, soigneusement cimentée, n'ayant qu'une ouverture dans sa voûte, où se voient encore les arrachemens du couvercle en fer qui la fermait, paraît avoir servi de citerne. En haut s'ouvrent de larges baies carrées. C'est à l'étage intermédiaire que s'étendait sur toute la largeur des murs la salle principale, seule partie de cette construction sévère où paraisse quelque ornementation. Des pilastres et une corniche à moulures très-simples garnissent ses murs ; une voûte avec des arc-doubleaux à nervures arrondies la couvrait ; ses fenêtres forment intérieurement une embrasure à cintre surbaissé, garni latéralement de deux bancs, et une baie à linteau horizontal, muni d'impostes. Un travail soigné et un certain choix de matériaux ont présidé à toute la construction. Les murs sont d'un appareil moyen remarquable; les contre-forts, saillans d'un mètre environ, ont deux larmiers ou deux ressauts ; les profils de toutes les ouvertures sont d'une grande pureté. Enfin, tandis que les ouvrages extérieurs sont en pierre froide, les pilastres, la corniche et les nervures de la salle sont d'une pierre plus fine et plus blanche, la voûte d'un tuf poreux et léger. Quant aux signes plus particuliers de construction et d'ornement, on doit y remarquer la coupe en cintre surbaissé ou carré des ouvertures, et les arêtes rabattues des pilastres des pieds-droits et même des arcades extérieures. La partie supérieure des murs dont la signification aurait pu être plus précise, est entièrement démantelée.

En cherchant à lire une date sur toutes ces pierres, il nous semble qu'on doit s'arrêter au XIIIme siècle. Les amortissemens carrés ou cintrés, les nervures arrondies, nous paraissent des signes de détermination certains; ils se rencontrent dans plusieurs de nos constructions religieuses de cette époque. Les pilastres et leur arête rabattue, le donjon circulaire, l'appareil et la pureté de toute la construction justifient la même interprétation. Enfin, nous invoquerions au besoin la similitude que présentent plusieurs parties de ce château avec les murs d'Aigues-Mortes. Les fenêtres d'Aigues-Mortes, carrées ou cintrées et à bancs latéraux, ont, il est vrai, des baies en meurtrière; mais cette disposition est indiquée par leur position inférieure. Les fenêtres basses, exposées de plus près, ne permettaient à la défense que d'étroites ouvertures, et nous voyons qu'on s'y est conformé dans les fenêtres inférieures de la Roquette. Des remparts n'avaient pas d'ailleurs besoin de fenêtres de plaisance. Les fenêtres supérieures du château ont pu se permettre des jours plus grands, qui servaient en même temps à l'agrément du lieu et à la position d'armes défensives, d'espingars, de mangonneaux et de toutes les grandes machines usitées avant la poudre. La forme carrée était d'ailleurs tellement indiquée, que dans les châteaux du nord de la France, où toute construction du XIIIme siècle ne se pouvait soustraire à l'ogive et à la lancette, on remplissait ordinairement de maçonnerie la tête de l'ogive, qu'il eût été dangereux de laisser vide.

Quand le vieux château de la Roquette a-t-il été ruiné? On ne sait pas plus de sa mort que de sa vie. Dans un titre de 1689, il est désigné : *vueix chasteau ruyné et inhabitable.* Il n'est point cité dans nos guerres religieuses, mais on peut bien croire qu'il y remplit son rôle. Quand son rocher et ses murs ne furent plus qu'un séjour sauvage, incommode à ses maîtres, ou un boulevard dangereux dont la royauté jalouse leur imposa le délaissement, les sires de la Roquette transportèrent leur habitation plus loin dans la plaine. Ils se bâtirent près de la petite église du Mas-de-Londres, une de ces demeures splendides qui prenaient encore le nom de château, mais n'en étaient que le simulacre. La vieille forteresse, abandonnée sur son rocher, perdit dans la mémoire du pays jusqu'à son nom, et c'est là, dans une plaine ignoble, que fut désormais le château de la Roquette. En réalité, ce n'était qu'une fabrique toute de luxe, où les architectes de la renaissance prodiguèrent toutes les recherches de leur art. Cette demeure dut être détruite à son tour. Il n'y reste que de grands murs étalant les tristesses d'une ruine moderne; des croisées à petites moulures, des tourelles de décoration, et deux portes, les plus jolis exemples que nous ayons de l'art classique renaissant au XVIe siècle (Pl. VIII)[1]. Mais tous ces châteaux du XVIe siècle, ne sont pas des châ-

---

[1] La porte que nous ne donnons pas, a été dessinée dans les *Voyages pittoresques de l'ancienne France*, province de Languedoc, de M. le baron Taylor. Qu'il nous soit permis, en terminant,

teaux, et la preuve, c'est que, quand la révolution poussa son cri *guerre aux châteaux, paix aux chaumières*, ils ne tombèrent pas tous comme la Roquette, mais laissèrent prudemment démanteler les créneaux de leurs murs, qui n'étaient plus que des merlons, et abattre leurs tourelles, qui n'étaient que des pigeonniers, punition railleuse que leur infligea le peuple et qui expia une inutilité de trois siècles.

---

de payer notre tribut d'affection et de reconnaissance à cet ardent promoteur des arts gothiques, à qui le Languedoc devra un si beau livre, riche de planches, qui sont en même temps un souvenir splendide de ses monumens les plus célèbres, et le plus admirable produit de l'art lithographique.

FIN.

MONTPELLIER. — IMPRIMERIE DE BOEHM ET Ce, ET LITHOGRAPHIE.

Laurens del. Lith Boehm. à Montp.r

Laurens del.

Lith: Boehm, à Montp[r].

Laurens del. — Intérieur du vieux château de la Roquette. — Lith. Boehm, à Montp[r]

...Maurice.

Laurens, del. Lith Boehm, à Montpellr

... Grandmont.

Pont romain d'Ambrussum.

Laurens del Lith: de Boehm.

Laurens, del. [illegible] Lith: Boehm à Montp^{r}

Cloître de Béziers.

Laurens. del

Lith. Boehm à Montpellier.

Laurens del. Lith. Boehm, à Montpr

CHEZ LES MÊMES LIBRAIRES.

Monumens de quelques anciens Diocèses de Bas-Languedoc :

ABBAYE DE VALMAGNE.
ÉGLISE DE MAGUELONE.
ABBAYE DE SAINT-GUILLEM-DU-DÉSERT.
MONASTÈRE DU VIGNOGOUL.
MONASTÈRE DE SAINT-FÉLIX-DE-MONTSEAU.
ÉGLISE DE LODÈVE.
PRIEURÉ CONVENTUEL DE GRANDMONT.
ABBAYE DE VILLEMAGNE.
PRIEURÉ DE SAINT-PIERRE-DE-RÉDES.

Un volume in-4°. — Montpellier, 1840.

SOUVENIRS D'UN VOYAGE D'ART A L'ILE DE MAJORQUE; par J.-B. LAURENS.
Grand in-8° et 54 planches.

SOUS PRESSE :

Notes sur les Monumens gothiques de quelques villes d'Italie :
PISE, — FORENCE, — ROME, — NAPLES;

Par Jules RENOUVIER.

1 vol. in-8°.

MONTPELLIER. — IMPRIMERIE DE BOEHM ET Ce, ET LITHOGRAPHIE.

www.ingramcontent.com/pod-product-compliance
Ingram Content Group UK Ltd.
Pitfield, Milton Keynes, MK11 3LW, UK
UKHW021043180726
13838UKWH00004B/1980